믿음이란 그런 거예요

시작시인선 0535 믿음이란 그런 거예요

1판 1쇄 펴낸날 2025년 6월 13일
지은이 이경옥
펴낸이 이재무
기획위원 김춘식, 유성호, 이형권, 임지연, 차성환, 홍용희
책임편집 이호석, 박현승
편집디자인 김지웅, 장수경
펴낸곳 (주)천년의시작
등록번호 제301-2012-033호
등록일자 2006년 1월 10일
주소 (03132) 서울시 종로구 삼일대로32길 36 운현신화타워 502호
전화 02-723-8668
팩스 02-723-8630
블로그 blog.naver.com/poemsijak
이메일 poemsijak@hanmail.net

ⓒ이경옥, 2025, printed in Seoul, Korea

ISBN 978-89-6021-811-6 04810
     978-89-6021-069-1 04810(세트)

값 11,000원

*이 책 내용의 전부 또는 일부를 재사용하려면 반드시 저작권자와 (주)천년의시작 양측의 동의를 받아야 합니다.
*잘못된 책은 바꾸어 드립니다.
*지은이와 협의하에 인지는 생략합니다.

믿음이란 그런 거예요

이경옥

천년의 시작

시인의 말

나는 시 들었다
둘레에 있는 말을 데려와
다듬는 일이
시 들이는 일이라면
우리 말에 귀를 열어
사는 날까지 시 들었으면 좋겠다

차 례

시인의 말

제1부

성동리의 봄밤 ──── 13
구름, 호수를 산책 중입니다 ──── 14
을숙도 사용법 ──── 16
환절기 ──── 17
죽비가 내릴 때 ──── 18
미궁 ──── 19
빛나는 내력 ──── 20
복기(復棋) ──── 21
태종대 ──── 22
궁남지 ──── 23
귤의 시간 ──── 24
잊지는 말아야지 ──── 26
바다에서 깨를 털었다 ──── 28
엄마가 뜨고 염소가 풀다 ──── 29
덕포리 그 집 뒤란 ──── 30

제2부

사량도 ─── 33
믿음이란 그런 거예요 ─── 34
한 수 배우다 ─── 36
절뚝 ─── 37
같은 말 ─── 38
장독대 ─── 39
졸혼은 생각만 했어 ─── 40
하늘공원 ─── 41
고목 ─── 42
세입자를 구합니다 ─── 43
이런 사람 ─── 44
데이비드 자민 ─── 46
할머니의 보석함 ─── 48
기념일 ─── 49
11월 ─── 50

제3부

어느 봄날 ─── 53
두 집 살림 ─── 54
탄력 ─── 55
침선 어멈 ─── 56
동강할미꽃 ─── 57
말의 본적 ─── 58
송악 ─── 60
언화도 ─── 61
오수(午睡) ─── 62
숙제는 어렵고 ─── 63
붕어섬 ─── 64

제4부

간절기 ──── 67
여주 고달사지 ──── 68
그래도 ──── 69
오늘의 이슈 ──── 70
몽돌의 기도 ──── 71
징검다리 하나 건너 ──── 72
이름 냄새 ──── 73
쉰과 예순 사이 ──── 74
모비딕 ──── 76
합장도 없이 ──── 77
별 반지 ──── 78
햇차 우려내는 밤 ──── 79
한로(寒露) ──── 80

해 설

홍재현 시인의 방, 19호실로의 초대 ──── 81

제1부

성동리의 봄밤

대놓고 풀어헤친 개구리울음 힘이 세다

밤새 논바닥 헤매는

사랑놀이라지만

그 방자한 떼창 옆에서

집집이 혼자 들어앉은 노인들

달처럼 부풀어 오르는 외로움에

덩달아 밤은 길고

매화 향기 달착지근해지면

봄밤은 마냥 도톰해진다

구름, 호수를 산책 중입니다

산벚나무꽃은 순간이지요
물 그늘에 기대다 가버렸군요

수면을 휘젓고 사라진 천둥과 빗줄기
흐려진 물빛은 어떻게 다독일까요

늙은 잉어의 눈빛을 좀 볼 수 있을까요
오래된 소문 감춰둔 눈빛을

풍경은 조금씩 다른 그림으로
수면에서 발효되고 있습니다

그 와중에 바람은 발만 담갔다 가고
호수 옆 산책길은 고요해져서 좋군요

이제 구름이 눌러앉으면
백운(白雲)은 완벽해져요

생각에 잠겨 호수를 한 바퀴 도는 저 구름
잔잔하다고 안심하지는 마세요

멈춘 것 같지만 조금씩 흐르고 있답니다

을숙도 사용법

2월부터 이곳에 오기 시작했어요 바람이 뒤적이던 마른 갈대숲이 있고 가끔 고니들이 만들던 구애의 리듬이 출렁이기도 했습니다 아주 고독하지도 자주 우울하지도 않지만 숨은 그림 찾듯 물결을 넘기면서 나를 아늑하게 놓아두는 시간이 참 좋군요 동백꽃 피어나는 둔덕쯤에 샤먼의 술사를 세워두고 오래된 시간 속으로 떠나보기도 합니다 지금은 쉰아홉을 살아내는 중, 부족한 걸 구걸할까요? 가진 걸 나눠 줄까요? 작은 일에도 화를 내는 내가 싫어지는데 고니가 사나운 새라는 걸 알고 잠시 안심이 되기도 해요 새들이 두고 간 소리에 귀를 담가보는 을숙도는 나를 가만히 놓아둘 수 있는 방입니다 당분간 이곳이 나의 19호실*입니다

• 도리스 레싱의 소설 『19호실로 가다』

환절기

벚나무는 올해 치의
조증을 다 앓았습니다
하르륵 하르륵 하르륵
연분홍 웃음이 소복이 쌓입니다

죽비가 내릴 때

물빛 호수공원
갑자기 쏟아지는 소낙비

나른한 등짝 냅다 휘갈긴다
허리까지 휘도록 흠씬 팬다

오리 떼와 물닭
수초 사이로 재빠르게
숨어든다

훅 뱉어내는 물비린내
놀라 동그래진 물결

햇볕 속 깊어지던 졸음
한꺼번에 날려버린 죽비

미궁

물안개가 자욱하게 마을을 덮었습니다.

이 씨가 소양강에 뛰어들었다는 풍문도
멀리 가지 못하고 갇혔습니다.

자전거를 끌고 강 언저리를 지나가더라는
목격자의 증언도 희미하게 흩어집니다.

때 이른 추위가 김장배추밭을 얼려 놓았고
우편함엔 영농조합 빚 독촉장이 쌓여 있었다며
수군대던 이웃들도 이젠 보이지 않습니다.

산허리 금빛 낙엽송도 그림자만 남겨두고
모두 숨어 버렸습니다.

사건 조사서엔 '익사자 미발견'
여섯 글자만 선명히 남았더랍니다.

빛나는 내력

밥상이 엎어진 날에는
어머니는 여지없이
방짜유기들을 우물가에
꺼내놓았다

지푸라기를 말아쥐고 쭈그려 앉아
같은 동작을 반복하면
우물가 창포도 덩달아 샛노랗게 질리고
잿물로 닦아낸 놋그릇이 억세게 반짝거렸다

속이 까맣게 타는 날
곰솥을 꺼내 수세미로 박박 문지르다가
나는 그을음 닦아내는 내력을 생각한다

복기(復棋)

물고 있는 붓끝에서
구절초가 피고
잣나무숲에 함박눈 쌓인다

사나운 자동차 바퀴가
스물아홉 그녀를 끌어안고 굴렀다

망가진 인형처럼 누워 있던 날들 지나
그녀의 입이 붓을 잡았다

입술 풍선 생기도록
붓을 물어 무궁화 피우고
꽉 문 어금니로 직립의 꿈 찍어
화폭에 소나무 키우는 구필화가 한미순*

그녀의 입,
손의 일을 복기해
풍경들 일으켜 세운다

* 사지마비 장애인, 시인 수필가, 구필화가

태종대

쪽빛 쓰개치마를 둘러쓴 물결이
햇살 밟고 일렁거렸어요

영등할망이 며느리를 데려오셨나 봐요
일만 팔천 빛깔 바람이 해안선을 따라 뜀박질하네요

해녀들 난전이 날아갈 듯 들썩거렸어요

연두 사이로 황사를 풀어놓고 가는
바람이 심술궂데요

웃자란 방풍나물 멱살 잡고 흔들다가
계단 오르는 여자 치마 훌떡 걷어 올리기에
눈 질끈 감아야 했어요

사정없이 휘둘리는 동백나무도
붉은 멀미를 하더라고요

봄 마중 이리 격하기도 하다는 걸
태종대에서 알았어요

궁남지

1.
한 됫박 두 됫박
빗방울 쏟아놓으니
자루처럼 입 벌린
연못이 차오른다
잘 영근 빗방울
한 자루 꾹꾹 눌러 담고
여름이 그 값으로
연꽃 송이를 내민다

2.
올망졸망 새끼들 데리고
쇠물닭은 물풀 사이에서 분주하고
꽃그늘 다 뒤져봐도
서동의 발자취 보이지 않는다
그래도 용케 꽃이 피고 지고
전설을 건사하는 궁남지
초파일 꽃등
여기서 다 만드는지
이생의 물결 환하다

귤의 시간

하나, 둘, 생생한 안색이
박스 안에서
흐려지는 순서에 대해

청귤의 시절을 더듬는 건 손마디 저린 일
사라진 귤의 흔적을 탐색하는 건
신음을 삼킨 상처를 찾는 일

껍질 벗겨낸 손을 어루만진다
입보다 먼저 귤 맛을 본 손가락의
촉촉한 감촉에 대해

유난히 빨리 상해버린 시간을 골라내며
귤, 너 새롭게 태어난 거니?
맞지 않은 질문 뜬금없고
귤은 왜 씨가 없지?
새삼스러운 의문이 싹트고

귤이 있어 약간 웃었던
귤 때문에 조금 밝았던

귤빛 시간 정물로 앉혀놓고
돌하르방에 스며드는 빗물과
화산석 틈을 비집는
귤나무 뿌리를 생각한다

잊지는 말아야지

물속에서 노란 리본을 접어 보낸다
매일

리본을 잘라버릴까 했지만
피지 못한 해바라기가 심해에서 꽃다발을 내밀면 받아 묶어야 한다
아직 푸른 잎사귀로 기억되는 순간만
지상에 남아 있으니

10년 동안 촛불을 밝혀야 했던 광화문 광장
거긴 햇살이 하루 종일 붐비는데

위로와 비난이 혼재하는 동안
말이 약이 되기도 하고 악이 되기도 했다

자식 팔아 돈 번다는 말
정치에 버무려진 막말에 무너진다

습관이 되어버린 슬픔이 울다 웃다 웃다 운다
10년 치 눈물이 낡아 점점 허물어진다

진도면 임회면 팽목항
살아 있는 자의 몫은 기억하는 일

바다에서 깨를 털었다

진리 해안에 전어 떼가 들어오면
비로소 가을이 여물기 시작한다
편애 없는 낚싯대에 줄줄이 달려 나오는 전어

내공은 전혀 필요치 않으며
그저 손놀림 빠른 자가 고수다

먼바다에서 내유(來游)로 돌아온
은빛 비늘 파도가 지운다

집 나간 며느리
전어 때문에 다시 집으로 돌아오고

가을 전어 머리는 깨 서 말이라는데

어망 뒤집어
깨를 바다에 털어 붓는다

엄마가 뜨고 염소가 풀다

엄마가
꾸벅잠 쫓으며 엮은
빨간 스웨터

그해
나는 동백꽃보다 더 붉었다

염소 우리 옆에
걸쳐두고 숨바꼭질했다

옷 챙겨 든 저녁
팔 한 짝이 너덜너덜 풀어졌다

색깔 다른 짝짝이 팔로
사 학년이 되었다

덕포리 그 집 뒤란

가마솥과 양은솥이 연통을 마주하고 사이좋은 동서지간처럼 앉아 있고요 장독대엔 간장과 된장이 웅얼거리며 또 한 계절을 익혀내는 중입니다 소금은 간수를 버리며 쟁여 놓은 숨소리 조금씩 단지 밖으로 뱉어 내고요 장광 아래 창고엔 실강이 네 칸, 갈무리해 놓은 씨 마늘이며 고구마가 새 봄을 기다립니다 다래 순과 무청도 바싹 말라 마른 나물 향을 오물거리고 있답니다 굴뚝 옆 골담초 울타리는 참새 떼 놀러 오면 살짝 뒤란 쪽으로 당겨 앉기도 합니다 조청이 졸여지고 식혜가 끓고 메주콩이 삶아지던 곳, 어머님 발소리 종일 뒤란을 다독이고 있었지요 앞으로 몇 해나 더 이 풍요로운 고요가 뒤란에 자박자박 차오를까요?

제2부

사량도

가오치항에서 첫 배를 기다리다 보면
해무가 옆 사람을 천천히 지운다

목소리만 남은 사람들이
안개를 타 해장술로 마신다

배를 타고 사량도(蛇梁島)에 닿으면
육지의 일은 잊어도 좋으리라

뱀이 벗어 놓은 허물 속에서
새 몸을 짓고 있는 봄의 지리망산

싱싱한 걸음이 산길로 접어들면
등허리 휜 바위 능선이 꿈틀거린다

믿음이란 그런 거예요

알에서 깨어나자마자 비오리 새끼들은
제 어미 소리를 쫓아 절벽에서 뛰어내려요
툭, 탁, 툭, 툭, 탁
머리를 박으며 아래로 곤두박질쳐요

한때 댐 건설로 수몰 위기에 몰렸던 마을
다큐멘터리에 등장한 비오리 때문에
동강이 계속 흐르게 되었다는 후문은
조금씩 잊혀 가요

나는 동강댐 건설 반대 추진 위원장
주례로 결혼식을 올렸어요
동강을 살려야 한다는 긴 주례사에
하객들 몇은 고개를 끄덕였고
대부분은 꾸벅거리며 하품했지요

벼랑 같은 아파트에서 어린것들 길렀지만
나의 확신이 비오리만 못해
꾹, 꾹, 흑, 흑, 흑,
어설픈 울음은 믿음을 주지 못했어요

어른이*가 된 딸들은 아직 내 등에 매달려
뛰어내릴 생각이 없고
나는 자신 있게 밀어내지 못해요

해마다 4월이면 석회암 벼랑 구멍마다
비오리 제 가슴털 뽑아 알을 품고
깨어난 새끼들은 또 어미 목소리만 듣고 뛰어내리겠죠
믿음이란 그런 거예요
한 올 의심 없이
무작정 따라나서는 첫걸음

* 어른과 어린이를 합친 말.

한 수 배우다

장대비가 퍼붓는 날
모과나무에서 빼앳빼앳

아직 꽁지 짧은 직박구리 새끼
운다, 마구 운다

장맛비는 계속 내리고
모과나무에서 감나무로
감나무에서 향나무로

애타게 울음이 옮겨 다닌다

어미는 오지 않고
가끔 먼 곳에서 쯧쨋쨋,
짧게 위치만 알린다

무심은 때로
삶을 강하게 벼리는 두들김

나는 아이들 울음 앞에
자주 무릎을 꿇었다

절뚝

아버지는 괘종시계를 읍내 황금당에 맡기라고 하셨다 40년을 함께 달려온 시계가 밥을 줘도 절뚝거린다고 화를 내셨다 분침이 무뎌졌다며 꼭 시계를 수리해 오라고 하셨다

덩! 덩! 덩! 자정을 알리는 소리 집 한 채 공중에 떠 올려놓았을 때 변형된 발목에 철심을 박은 아버지 저승으로 가셨다 옆구리 결리는 괘종시계는 덩달아 숨이 가빴다

가신 지 일 년, 여전히 시계는 절뚝거리며 아버지의 방을 지킨다

같은 말

정월 건봉사에 갔다

촛불 밝히고
백팔배 뒤
아멘!

어릴 적 겨우 몇 달 다닌 교회

나무아미타불 아멘,
아멘, 아니 나무아미타불

사천왕이 뒤돌아서고
처마에 매달린 물고기가 도리질한다

허둥대는 중생에게
온화한 미소 지으시는 부처님

장독대

돌계단 오르면
밀봉된 항아리들이
어머니 손맛으로 배불러 있다

아리트정을 처방받고 돌아온 후
된장독에 곰팡이 끼어
장맛이 바뀌었다

마른오징어 같은 다리로
겨우 오르내리며
눈물을 섞던 대물림은 끝이 보인다

간장 종지 들이킨 것처럼
몸서리쳐지는 순간도 잘 넘겼는데
이젠 독무대 닫히고
장독은 서서히 밑바닥을 드러낼 것이다

졸혼은 생각만 했어

눌러 둔 억울함이 돌처럼 굳어간다

제대로 따지지 못하고 웅얼거리다가
이해되지 않는 불균등에 화병만 생겼다

꺾이지 않는 외고집의 이기성

관계는 불붙이기 직전의 폭약 같고
쌓인 게 많은 감정일수록 폭발력이 세다

화약에 불붙이려는 순간
늙은 승냥이 한 마리 서성인다

길들었으므로
사소하지 않은 차별에 성냥을 그었다가 끈다

오래된 관성이 가부좌를 튼다

하늘공원

참고 참았던 억새꽃이 맘껏 폭발했다

옥양목 원단 펼쳐 놓은 것처럼
공원이 하얗다

야고는 억새 뿌리에 숨어
분홍 입술을 야무지게 벌리고
꽃의 순간을 즐긴다

바람이 억새 다발 휘저으면
깊게 울어 더 저음인 울음들이
쓰레기 산을 덮는다

고목

제 속으로 낳지 않은
남의 새끼 키우며 쓰다 달다
말 한마디 없었던 정선댁

열매도 낙엽도 모두 퍼주었기에
수중에 남은 건 무너지는 몸피

오목눈이가 남의 새끼를
품었더라는 소문과 함께
어린것들 깃털만 몇 가닥 남아 있다

그마저 놓아주려 바람을 불러 흥정하는
뼈만 남은 정선댁

세입자를 구합니다

한꺼번에 다들 떠나고
습지엔 적막이 서걱거린다

마른 잎 사이에
바람이 풀어헤쳐 놓은 빈 둥지들

물길도 지워진 자리
철모르는 눈송이가 놀다 가면
낮게 웅얼거리는 바람 소리뿐

고니와 기러기들
한철 세 들었던 곳

3월 을숙도엔 빈방이 많다

이런 사람

나는 웃을 수 있는 사람
짠 내 가득한 주변을 그러모아
가난을 꼼꼼히 돌보며
조금씩 웃는 사람

나는 울 수도 있는 사람
부글거리는
분노와 슬픔을 감춰 두고
혼자서 훌쩍이는 사람

멀리 가지 못하는
경직된 팔다리에
온갖 기원들 주렁주렁 달아 놓고
당산나무처럼 한자리에서
가지만 흔드는 사람

기타 줄은 녹슬고
음정에 흠집이 생겨
삐끗 엇박자를 내는
나는 음악을 잊은 사람

순간순간 깜깜하고 때론 너무 환한
마치 마트료시카 인형처럼
여러 겹으로 숨겨진
나는 나를 모르는 사람

데이비드 자민*

지그시 눈 감은 남자
빛나는 얼굴로 춤을 추네요

음악이 당신 온몸에서 뛰고 있네요

푸른 음표가 살결에 닿으면
미모사 잎처럼 손가락 오므리는 당신
설득당할 수밖에 없는 감각이에요

올리브나무는 밑동 단단하고
꽃을 따는 아이들 웃음 가볍고
새들은 서로 꼭 붙어 앉아
날개 비비는 하루를 따라 걸어요

자민,
거기서 기다리세요
화폭 가득 번지는 탱고 춤 끝내지 마세요

물방울무늬 빨강 원피스를 입고
올리브나무 지나 우체스 광장 건너
당신에게로 갈게요

* David Jamim: 프랑스 화가. 내면세계로의 여행/ DAY1-풍경, DAY2-광장/ DAY3-호텔/ DAY4-일상. 총 4개의 섹션으로 구성. 총 52점의 작품을 2021년 한가람 미술관에서 전시했다.

할머니의 보석함

한 돈짜리 금반지 두 개,
석 돈짜리 금목걸이 하나
누렇게 바랜 손수건에
둘둘 말아
장롱 깊숙이 고이 모셔 놓고 가셨네

금고에 넣어두기엔 부족하고
화장대 서랍은 불안한

금붙이들 꼭 보듬고 있는
빛바랜 광목 손수건
울 할머니 보석함이었네

기념일
-멸종 위기종

세계 하마의 날 2월 15일

세계 참새의 날 3월 20일

세계 펭귄의 날 4월 25일

세계 악어의 날 6월 17일

세계 호랑이의 날 7월 29일

나의 날은 5월 10일

산딸나무 헛꽃 같은 쉰아홉 수

몇 달 전엔 하마였다가, 참새였다가, 펭귄,

6월엔 악어, 다음 달엔 호랑이로

악착같이 살려고 미역국을 끓인다

11월

그네는 무사하였습니다

녹슨 고리 삐거덕거리는 쇳소리 물고
천둥 번개 치는 여름 무사히 보냈지요

오늘은 입동

하늘 높이를 저울질하며
권태쯤에서 날아오를
누군가의 날개를 기다립니다

이제는
조금씩
흔들리며 마냥 게을러도 좋을 것 같습니다

제3부

어느 봄날

 막 깨어난 병아리를 밟은 적 있다 다섯 살 무렵 병아리를 따라 뛰다 일어난 사고였다 엄마는 내 등을 손바닥으로 후려치셨고 증조할아버지 기다란 담뱃대는 엄마 어깨를 내리치셨다 "병아리가 사람보다 중허냐." 호령하시며 눈꺼풀 파르르 떠는 어린 생명을 얼른 들고 뒤꼍으로 돌아나가셨다 나는 그 자리에 얼어붙어 증조할아버지 뒷모습을 쫓으며 등짝의 아픔보다 더 아릿한 아지랑이가 내 작은 몸 전신에 퍼지는 걸 알았다 싸리 빗질 자국이 정갈한 마당에서 어미 닭을 쫓아 뽀르르 달려가던 노랑 솜털 뭉치가 여적지 꿈에 꼼실거린다

두 집 살림

 남자는 부산 여자는 서울 주말에만 봐요

 가끔 동네 가십거리가 되기도 해요 서울은 살림하는 여자 집을 자주 비운다고, 부산에선 혼자 사는 남자 집 낯선 여자 들락거린다는 소문 보풀 생긴 실타래처럼 골목으로 풀려나가기도 해요

 미워질 만하면 사라져 주는 남자 덕에 삼십 년 세월 연애하듯 살았어요 단점이라면 그 남자 우리 아이들 울지도 않고 거저 자란 줄 안다는 거지요

 잉꼬부부로 오해도 받아요 주말만 만나 싸울 시간 부족했다는 것은 비밀입니다
 곁에 없는 사람에게 원망 섞인 욕 퍼붓기도 했다는 걸 누가 알겠어요 그래도 영 오해는 아니랍니다 첫정에 묵은 정 쌓여 정(情)맛 깊어지는 중이거든요

탄력

자고 일어나면
얼굴에 새겨진 타투

베게 누빔이었다가
이불 실밥 자국이었다가
베고 잠든 시집 귀퉁이기도 하지

거울 속 얼굴 무늬는
어젯밤 내 잠을 받쳐준 것들

탄력 무너진 피부가 내려놓지 못한
밤의 무게

기억나지 않는 꿈길에
덧댄 시간의 자국

침선 어멈

자르고 붙이고 꿰매
파우치 하나
이불 한 채
퀼트를 시작한 후
베란다 화분 물 주는 것 잊었고
바늘귀 꿰다 흘깃 쳐다본 시곗바늘
새벽으로 걸어가는 날도 여러 날

멀쩡한 헝겊 잘라 꿰매고 있다고
어머니는 혀를 차시고
나는 전생에 양반집 규수였을 거라고
농담 섞어 홈질하는데
울 서방님
그리 밤낮으로 바느질하는 이는
양반집 규수가 아니라 침선 어멈이란다

---- ----- ---- ----- ---
홈질하던 손 멈추고 슬그머니 골무를 **뺐다**

동강할미꽃

4월 동강

조금씩 부서지는 바위

죽은 할미 불러

진분홍 족두리 환생시켜 놓았다

말의 본적

부산 삼락생태공원 산책길
귀에 익은 강원도 사투리 들린다
중년 자매가 쑥 뜯으며 두런두런
옛날 돌미나리 지짐이 참 맛났다는 얘기
괜히 반가워 나도 곁에 앉아
쑥 한 줌 뜯어 내밀며
저도 강원도래요 했다
반가운 웃음 끝에
정선과 영월의 지명이 딸려 나왔다

구포시장 구경 길
경상도 사투리 속에
삼베 올 같은 강원도 말씨 들렸다
시장하지도 않으면서
국숫집 난전에 앉았다
국수 한 그릇 받쳐 내온 주인장께
저도 강원도래요 했더니
빙그레 웃으시며 부추전 한쪽
국수 그릇 옆에 놓아주신다

고향 말에 얹혀
한 줌 쑥 건네지고
딸려 나온 부추전
낙동강 곁에서
태백의 너덜샘 맑은 물맛을 본다

송악*

절벽 기어올라 터를 넓히는
족히 몇백 년은 되었다는 송악 아래 섰어요

번잡한 생각이 야금야금 몸을 축낼 때
어디에든 지탱하고 살아내는
저 악착 아래서는 막힌 동맥에도 피가 돌아요

사철 부지런한 푸른 잎사귀
선운사 독경 소리에 마음 다스리며
가을에 꽃 피어 여름에 열매 익는답니다

북방 한계선에 기대 가꾸어 낸 삶
어느 선사의 깨달음이 저리 치열할까요?

허공으로 향하는 발가락 한마디씩 심어
정토에 이르는 일생 배웁니다

* 고창 삼인리 선운사 입구에 있는 천연기념물 367호

연화도*

연꽃 그리워 섬에 온 여자

없는 것만 찾다가
섬과 잠깐 친밀해져
연화도에서 하룻밤
묵기로 했네

그 밤,
휘영청 바다를 넘어온 보름달이
바다 위에 핀 큰 연꽃 보았다 하고

민박집 들마루 아래 숨어든
도둑잠도
태아처럼 구부리고 잠든 육지 여자 모습도
밤새 지켜보았다 하네

* 통영시 욕지면 연화리에 속한 섬. 북쪽 바다에 바라보는 섬의 형상이 연꽃 같다 하여 연화도라 함.

오수(午睡)

찬바람 슬쩍 다녀간 자리
잔물결 조심스레 그려진다

시린 바위 위엔
미동도 없는 청둥오리 한 쌍

마른 여뀌 꽃대궁 머리 무거워져
물의 자장가에 꾸벅꾸벅

잠깐의 햇살 속에서
겨울 홍제천은
오수에 빠져든다

숙제는 어렵고

약 봉투가 늘어간다

방광염에 치매까지
알약들 알록달록하다

아버지 계신 요양원 뒤로하고
언덕을 넘다 주저앉았다
도저히
해낼 수 없는 숙제

자신을 몽땅 잃어버린 아버지
오늘은 내 귀에 속삭이셨다

"나 좀 집으로 데리고 가라"

붕어섬*

해가 떠오르면
민물가마우지도 비껴 날아간다.

섬 둘레를 에워싼 물억새
웃자라 키만 훌쩍 컸다

햇빛을 훔치는
대물 붕어 한 마리

태양광 패널을 잔뜩 끌어안고
부동의 자세

의암호 은빛 쟁반에 담긴 붕어섬
앙상한 뼈만 남았다

* 춘천시 의암호에 있는 붕어 모양의 섬. 현재 태양광 발전소로 활용되고 있다.

제4부

간절기

꽃무릇 수만 송이가 서로
다른 표정으로 바들거립니다

목젖이 붉게 부어올랐습니다

고슬고슬한 바람이 귓불을
쓸고 지나가면

내일은 오늘 같지 않다는 귀띔으로
경련이 일어납니다

한 시절 무아를 맛보았으니
이젠 득도할 일만 남았습니다

꽃 지고 발목 꺾여도
후년에 또 돌아오겠습니다

여주 고달사지

가을비 내리는 아침
중도 절도 없는 허허벌판이
축축한 목화솜 이불 덮고 있는 것 같다

쌍사자 석등은 국립중앙박물관으로
쓸 만한 건 여주박물관으로 옮겨가고
폐사지를 소관하는 건 우리라는 듯
잔디 사이로 왕고들빼기꽃이 빼곡하다

어둠이 조금씩 벗겨지면
부서진 석등 위로
시무룩한 까마귀 서너 마리 내려앉아
끼니를 걱정한다

고달이라는 석공은
가족들이 굶어 죽는 줄도 모르고 절을 짓느라
혼을 바쳤다는 전설
옆으로 기운 안내판을
빗줄기가 정성스레 닦고 있다

그래도

게으른 해를 깨워
무서리 텃밭으로 간다

먼저 간 남편
전화도 없는 아들놈을 올려놓고
실컷 두들긴다

논 팔아 달라는
큰딸년도 쑥 뽑아 던진다

밭 설거지 끝에
들깨가 여섯 말
무가 한 접

택배 박스 주소를
꾹꾹 눌러쓴다

오늘의 이슈

창원시청 후문
네댓 잎 남아 있는 은행나무 꼭대기
검은 고양이
올라앉아 있는 사진

기사 제목은 〈낭만 고양이〉
십일월 벌거벗은 나뭇가지에
낭만이 매달렸나 눈을 닦아도
언 발 네 개
흔들리는 동공뿐

날개 없는
길고양이
수직의 공포에 떨고 있습니다

몽돌의 기도

청사포 해변엔 검은 몽돌만
해안선을 따라 달그락거린다

바다가 오래도록 쓸고 닦은 돌멩이
늙은 수녀의 묵주처럼 반들거리고

차륵, 차르륵 가만히 듣다 보면
아직 덜 닳은 기도 새어 나온다

그 곁에 한참 앉아 있으면
맨들맨들 다듬어지려나

심장에서 모난 염치를 꺼내
물 위에 가만히 내려놓는다

차르르 차르르 파도가 와서
나를 문지르고 간다

징검다리 하나 건너

친정아버지 뇌졸중으로
사경 헤매실 때

남편은 보호자 대기실에서
가끔 코를 골았다

시아버님 고혈압으로 쓰러져
중환자실 찾아갈 때

나는 배가 고파
밥 생각 났다

그와 내 앞에 놓인 징검다리
한 발 건너뛰면 가끔 허방이다

이름 냄새

노루오줌꽃 냄새 맡아본 적 없지만
이름만 들어도 그 냄새 풍긴다
이 산 저 산 펄쩍펄쩍 뛰는 노루 오줌 냄새

오이풀 오이 냄새
생강나무 생강 냄새
어성초 비린 생선 냄새

지하철 2호선
유기견처럼 머리카락이 뒤엉킨 노숙인
세상 밑바닥 다 훑고 온
역하고 어지러운 냄새

지하철 내려서도 계속 따라온다
오래 떠나지 않는
시궁창에 박힌 헌 신발 냄새

내 이름에선 어떤 냄새가 날까

쉰과 예순 사이

 도서관에서 곤충의 밥상*을 빌려왔다 잎맥만 남기고 소리쟁이를 다 먹어 치우는 좀남색잎벌레의 식욕을 비건이라 불러줘야 할지 잠시 고민했다 책장을 사각사각 갉아대는 곤충들의 무한 식욕, 나물 비빔밥 한 양푼 들고 나는 애벌레처럼 허겁지겁 허기를 해결했다

 어설프게 위로하는 말들이 제일 싫었다 물 없이 먹는 건빵처럼 '괜찮아'가 목에 걸려 가슴을 두드려야 했다 맨 밑바닥에 있는 별사탕은 쉽게 잡히지 않았다

 동네 동양문고 사옥이 헐리고 귀퉁이 호두나무가 뿌리째 뽑혀 나갔다 탁구공만 한 푸른 열매 벌어지는 시간 궁금해하며 그 곁을 지나쳤는데 이젠 건물이 우뚝 솟았다 주변의 나무들 하나둘 자취를 감출 때마다 호흡이 점점 가빠지는 것 같다

 잠을 포기했다 여기, 거기, 저기로 시작되는 말을 건네면 딸들은 (엄마 제발 주어를 말씀해 주세요) 항의하고, 내가 뱉은

말이 해석되지 않아 나는 멍해졌다 시간을 더듬다 보면 이제 겨우 월요일, 제기랄 하품은 늘 이런 데서 오고 불면은 먼저 밤을 차지하고

* 정부희, 『곤충의 밥상』, 상상의 숲, 2010.

모비딕

식탁에 앉아 책장을 넘겨요
고래 뼈의
무용성과 유용성을 생각합니다

향유고래 똥에선 은은한 흙냄새가 난다네요

벽돌처럼 두꺼운
책의 무게를 감당하는 건
식탁 다리의 몫입니다

넘쳐나는 햇살을 손으로 살살 쓸어냅니다

장자의 나비가
문장 위에 알을 슬었나 봅니다

책의 어깨를 툭 쳐봅니다
설마 24만 개의 단어가 쏟아지지는 않겠지요

집 안으로 파도가 몰려오고 있습니다

합장도 없이

가야산 굽이 돌아
팔만대장경 보러 가는 길

무성한 소문이 줄줄이 따라온다

주지는 비구니와 정분이 났다 하고
스님들 해외 골프 원정에
술판 도박판까지 벌였다 한다

범부보다 못한 상좌들
얼룩진 법보 사찰

독경 소리 들리지 않고
장경판전은 목어만 지키고 있다

해인(海印) 위로
법수사 폐사지가 자꾸 어른거린다

별 반지

내 보석함엔 말이야 아주아주 희귀한 반지가 하나 있지.

제법 눈에 띄는 별이 초록 링 위에서 얼마나 당당하게 반짝였는지.

저런 별을 어디서 따왔냐면 말이야.

딸아이 마음에서 똑 하고 따왔단다.

그 아이 열여섯 살 적 늦은 밤, 아빠랑 엄마가 가볍게 소주 한잔 마시고 있었어.

물 마시러 나온 아이가 둘 사이 끼여 앉더니 또랑또랑 농담도 섞고 안주도 축냈지.

그러다가 벗겨 놓은 오렌지 껍질에서 별을 끄집어낸 거야.

껍질을 별 모양으로 오려선 말이야 초록색 병뚜껑 떨어진 고리를 둥글게 말아 그 위에 황금빛 별을 척 올리는 거야.

자, "엄마 선물"! 하면서 내 약지에 살포시 끼워 주었어.

반지와 아이가 내게 훅 들어와 함께 반짝였단다.

그 별 반지를 보석함에 넣어 놓았어.

이젠 황금빛 별이 진한 고동색으로 굳어버렸지만

나는 이 세상에 단 하나밖에 없는 반지를 가지고 있지.

햇차 우려내는 밤

사월 초파일 전야
팔공산 허리쯤에서
별들과 이웃하여 차를 우립니다

더운물 다관에 부으면
지느러미 흔드는 송사리처럼
찻잎이 헤실거립니다

조르륵 조르륵 찻물 따르는 소리
대금의 낮은음 닮았습니다

귓대사발에서 한 김 식힌 물
다관에 옮겨 두세 번 우려내면
무명 다포에 찬찬히 배어 드는 찻물

쌉싸름하고 달큼한 햇잎
우려내는 밤
사자자리와 물고기 처녀 쌍둥이자리 별들은
집으로 돌아갈 생각 전혀 없는지
하늘에서 똘망똘망 눈만 깜빡입니다

한로(寒露)

정오의 희망곡이
방울방울 개수대에 고이는 동안
찬 기운 사선으로 데려온 가을비

찬비에 눈썹 젖은 흰눈썹황금새
먼 길 떠날 준비를 하는 동안

젖어 말끔해진 노란 모과가
공손한 향기를
창턱에 올려 놓는다

해 설

시인의 방, 19호실로의 초대

홍재현(시인)

> 수전은 안락의자에 앉아 눈을 감았다.
> 이 방에서 수전이 뭘 했을까? 아무것도 하지 않았다.
> 충분히 쉬고 나면 의자에서 일어나 창가로 가서 양팔을 쭉 뻗고
> 미소를 지으며 밖을 내다보았다.
> 익명의 존재가 된 이 순간이 귀중했다.
> ─도리스 레싱 『19호실로 가다』 중에서

1. 초대

한 사람을 온전히 알아간다는 것은 어려운 일이다. 나 자신을 알아가는 것은 아마 불가능에 가까울지 모른다. 이경옥 시인은 그간 일상의 평범한 언어와 체험을 바탕으로 삶의 깊은 사유를 담아내 온 것으로 평가받아 왔다. 그의 두 번째 시집 『믿음이란 그런 거예요』는 쉰아홉의 자화상 같은

시들을 통해 삶에 대한 시인만의 깊이 있는 시선을 보여준다. 이경옥 시인은 시집 속에서 지난날 자신의 모습을 반추하며 새로운 자아를 찾고자 하는 여정을 떠나는데 그 과정에서 고단한 삶을 살아온 이 시대 여성의 서사가 담담히 드러나 있다.

시집 『믿음이란 그런 거예요』는 이경옥 시인의 초대장이다. 시인은 우리를 을숙도, 그녀의 19호실로 초대한다. 19호실은 시간과 공간이 교차되는 SF영화 속 공간처럼 시인의 무의식과 자의식이 씨실과 날실로 교차하고, 현재와 미래가 실타래처럼 얽혀 있으며, 과거와 미래가 평행우주처럼 나란히 존재하는 곳이다. 시인은 이곳에서 수십 개의 거울로 자신의 뒷모습과 옆모습을 동시에 바라본다. 시인에게 시를 쓴다는 것은 자신이 제3자가 되어 찬찬히 여러 시선과 각도로 자신을 들여다보는 일이다. 거울에 비친 자신을 바라보는 시인의 시선에 가만히 나의 시선을 포개본다. 시인의 모습 속에 나의 모습이 겹쳐 보인다. 한 사람이 살아온 시간 속에 그 시대가 보인다.

2. 시인의 방 : 19호실

쉰아홉을 넘어 예순을 바라보며 시인은 진정한 자신의 모습을 찾고 싶어 한다. 거울로 보아도 사진을 찍어도 타인의 눈 속에서 찾아봐도 볼 수 없는 것이 나 자신. 그러기 위해

선 몸에 걸친 여러 옷을 벗어야 한다. 엄마, 딸, 사회인으로서의 거추장스러운 옷들을 벗어 던지고 온전한 자신을 볼 수 있는 을숙도로 간다. 그곳은 시인의 19호실이다.

도리스 레싱의 소설 『19호실로 가다』의 수전이 가족들에게서 벗어나 혼자만의 공간으로 찾았던 도피처가 런던 변두리 낯선 호텔의 19호실이었다면, 이경옥 시인에게 19호실은 을숙도이다. 시인의 19호실은 시인이 현실의 모든 것들을 벗어버리고 훌쩍 잠적한 매우 사적인 공간인 동시에 내면의 모든 갈등이 적나라하게 내보이는 공적인 공간이다.

    2월부터 이곳에 오기 시작했어요 바람이 뒤적이던 마른 갈대숲이 있고 가끔 고니들이 만들던 구애의 리듬이 출렁이기도 했습니다 아주 고독하지도 자주 우울하지도 않지만 숨은 그림 찾듯 물결을 넘기면서 나를 아늑하게 놓아두는 시간이 참 좋군요 동백꽃이 피어나는 둔덕쯤에 샤먼의 술사를 세워두고 오래된 시간 속으로 떠나보기도 합니다 지금은 쉰아홉을 살아내는 중, 부족한 걸 구걸할까요? 가진 걸 나눠줄까요? 작은 일에도 화를 내는 내가 싫어지는데 고니가 사나운 새라는 걸 알고 잠시 안심이 되기도 해요 새들이 두고 간 소리에 귀를 담가보는 을숙도는 나를 가만히 놓아둘 수 있는 방입니다 이곳이 나의 19호실입니다
                           ―「을숙도 사용법」 전문

2월의 쓸쓸한 을숙도에서 시인은 고니를 만난다. 겉보기

엔 학처럼 우아해 보이지만 알고 보면 강한 성격을 지닌 그 새를 시인은 닮고 싶어 한다. 쉰아홉 해를 살아내는 동안, 겸손하려 하였으나 때때로 다듬어지지 않은 본능과 욕망이 눈을 뜰 때가 있었을 것이다. 작은 일에 화를 내는 스스로가 부끄럽다 느껴질 때, 솔직한 성질을 내보이는 갈대숲의 고니 존재는 위로가 된다. 갈대숲의 새들이 두고 간 소리에 귀를 기울이면, 있는 그대로의 나를 받아들여도 된다고, 괜찮다고 말해주는 소리가 들려올 것만 같다.

3. 거울 : 쉰아홉의 자화상

시인은 시라는 거울을 통해 내면을 끊임없이 관찰하고 반성하고 이를 토대로 앞으로 나아가고자 한다. 시인이 수십 개의 거울 앞에 앉아 자신의 모습을 들여다 보는 이유는 값싼 연민에 빠지기 위함이 아니다. 오히려 냉정하게 "유난히 빨리 상해버린 시간을 골라내며, 새롭게 태어난 거니?"(『굴의 시간』) 라고 묻고자 함이다.

> 나는 웃을 수 있는 사람
> 짠 내 가득한 주변을 그러모아
> 가난을 꼼꼼히 돌보며
> 조금씩 웃는 사람

나는 울 수도 있는 사람
부글거리는
분노와 슬픔을 감춰두고
혼자서 훌쩍이는 사람

(중략)

순간순간 깜깜하고 때론 너무 환한
마치 마트료시카 인형처럼
여러 겹으로 숨겨진
나는 나를 모르는 사람

—「이런 사람」부분

   19호실엔 거울이 걸려 있다. 하나, 둘, 아니 어쩌면 사방이 거울로 되어 있을지 모르겠다. 시인은 자신을 둘러싼 거울 앞에 선다. 수십 개의 낯선 내가 보인다. 쉰아홉 개의 마트료시카를 하나하나 펼쳐 놓는다. 쉰아홉 해를 살아오는 동안 수없이 울고 웃었을 내가 낯설다. 웃고 싶을 때, 짠내 나도록 지친 주변을 돌아보며 차마 맘 편히 웃지 못했다. 엉엉 울고 싶을 때도 지켜보는 누군가 때문에 울지도 화도 내지 못했던 내가 보인다. 바람처럼 훌쩍 떠나고 싶을 때도 많았으나 붙박이 당산나무처럼 주렁주렁 주변의 기원과 기대를 매달고 한평생 붙박이 나무처럼 꼼짝하지 못했다. 인생을 즐기고 싶었던 순간에는 이미 박자를 놓친 감각이 몸이 배어 계속 삐걱대는 게 어색해서 무대에서 내려온 쉰아홉의 나. 거울의 방에서 빠져나온 시인은 이제 또 한 겹의 마트료시카를 덧입을 것이다. 그 모습은 또 어떤 모습일까.

    도서관에서 곤충의 밥상을 빌려왔다 잎맥만 남기고 소리쟁이를 다 먹어 치우는 좀남색잎벌레의 식욕을 비건이라 불러줘야 할지 잠시 고민했다 책장을 사각사각 갉아대는 곤충들의 무한 식욕, 나물 비빔밥 한 양푼 들고 나는 애벌레처럼 허겁지겁 허기를 해결했다

    어설프게 위로하는 말들이 제일 싫었다 물 없이 먹는 건빵처럼 '괜찮아'가 목에 걸려 가슴을 두드려야 했다 맨 밑바닥에 있는 별사탕은 쉽게 잡히지 않았다

    동네 동양문고 사옥이 헐리고 귀퉁이 호두나무가 부리째 뽑혀 나갔다 탁구공만한 푸른 열매 벌어지는 시간 궁금해하며 그 곁을 지나쳤는데 이젠 건물이 우뚝 솟았다 주변의 나무들 하나둘 자취를 감출 때 마다 호흡이 점점 가빠지는 것 같다

                                  ―「쉰과 예순 사이」 부분

거울 속의 나를 지켜보다, 다시 한 겹의 나를 껴입으려다 시인은 문득 부아가 치민다. 속에서 치미는 분노를 속사포랩처럼 쏟아낸다. 허겁지겁 허기를 채우며 살아온 시간이

초라하게 느껴진다. 괜찮다는 어설픈 위로에 가식의 대답조차 하기 싫어진다. 늙어가는 몸뚱이와 마음이 슬프지만 그건 내가 노쇠한 탓이 아니라 내 뇌를 닮은 동네 호두나무가 뿌리째 뽑혔기 때문이라는 어깃장을 놓더니 급기야 제기랄 욕설을 내뱉고 만다. 나이 듦은 이런 것이다. 결코 순순히 받아들일 수는 없는 것이다. 아직 봉지 속 별사탕도 못 찾았고, 탁구공만 한 푸른 열매가 무르익지도 못했기 때문이다. 도대체 어디서 나를 찾아야 하나, 시인은 시간의 방문을 열고 과거로 들어간다. 수전이 19호실에서 철저히 익명의 존재가 되기를 즐겼다면 시인은 19호실에서 철저히 자기 내면으로 침잠하며 자신을 찾으려 몸부림친다.

4. 인생의 봄날

쉰아홉, 나의 출발을 찾고자 시인은 19호실 가장 안쪽 서랍 깊숙한 곳에서 오래된 사진첩을 꺼낸다. 낡은 사진 속 어린 시절의 나와 엄마와 할머니와 할아버지의 모습을 본다.

엄마가
꾸벅잠 쫓으며 엮은
빨간 스웨터

그해

나는 동백꽃보다 더 붉었다

염소 우리 옆에
걸쳐두고 숨바꼭질했다

옷 챙겨 든 저녁
팔 한 짝이 너덜너덜 풀어졌다

색깔 다른 짝짝이 팔로
사 학년이 되었다

─「엄마가 뜨고 염소가 풀다」 전문

  시인의 어린 시절은 부모의 사랑으로 가득하다. 엄마는 시인에게 입혀 줄 스웨터를 한 벌 짜기 위해 일상의 고단함을 이겨내고 꾸벅잠을 쫓았다. 그 정성을 입고 나선 시인은 동백꽃보다 붉고 고왔을 것이다. 그러나 염소로 대변되는 세상은 그 빨간 스웨터를 입은 소녀를 그대로 두지 않았다. 방심한 틈을 타 기어이 한쪽 팔을 먹어 치우고 만 것이다. 어쩔 수 없이 우리는 세상에 상처를 입고 짝짝이인 채로, 상처 입은 그 모습 그대로를 가지고 살아간다. 성장이란 그런 것이다. 태어난 그대로 온전한 모습을 지닐 수 없다. 뜯겨 나간 팔, 구멍 난 자리를 누덕누덕 기워서라도 입고 나설 수밖에 없는 것이 인생이지만, 그럼에도 버틸 수 있는 힘을 주는 것은 따뜻한 가족의 사랑이다.

어린 시절 병아리를 밟았다고 등짝을 후려치던 엄마에게 "병아리가 사람보다 중허냐"고 호통을 치시던 할아버지의 마음은 살아가는 내내 시인의 마음에 "등짝의 아픔보다 더 아릿한 아지랑이"가 되어 넘어지려는 삶의 고비마다 "전신에 퍼지던 그 봄날"(「어느 봄날」 부분)이 다시 살게 하는 힘이 되어주었다.

5. 나를 부르는 이름 하나 : 아내

"나 자신을 다른 사람들에게 넘겼어."라고 말하는 소설 『19호실로 가다』의 주인공 수전의 말처럼, 결혼과 출산은 인간으로서의 나와 여자로서의 정체성이 가장 극적으로 부딪치는 삶의 이벤트이다. 동서고금을 막론하고 수많은 여성이 '결혼'이라는 사회의 시스템에 발을 들여놓는 순간 수직으로 기울어진 관계 속에 얽매여 자신 대신 아내, 엄마의 역할을 강요받게 된다.

    화약에 불붙이려는 순간
    늙은 승냥이 한 마리 서성인다

    길들었으므로
    사소하지 않은 차별에 성냥을 그었다가 끈다

> 오래된 관성이 가부좌를 튼다
> —「졸혼은 생각만 했어」 전문

시인의 19호실엔 눅진한 감정들이 들러붙어 있다. 오래된 시립 병처럼. 이를테면 결혼에 대한 감정이 그렇다. 이혼이 아니라 졸혼이다. 돌처럼 굳어진 눌러 두었던 감정의 정체는 상대방에 대한 미움이 아니라 벗어날 수 없는 굴레 같은 시스템에 대한 억울함이다. 그러므로 개인의 이혼이 아니라 결혼이라는 시스템에 대한 안녕을 고한다. 그러나 사랑이나 미움 같은 감정을 벗어나 오랜 시간 함께해 온 길들임의 산물인 배우자를 차마 내치지 못한다. "길들었으므로, 그었던 성냥을 다시 끄며" 오늘도 졸혼이라는 말을 목구멍 밖으로 꺼내지 못하고 삼키고 만다. 어쩌면 이것이 도리스 레싱의 소설 속 주인공 수전과는 다른 현실 속 부부의 모습이 아닐까.

시인에게는 오랫동안 주말부부를 하며 "싸울 시간이 부족해" "잉꼬부부로 오해"를 받았다는 유머 밑에 부부 사이에도 적절한 거리두기가 필요함을 인정하는 현명함이 있다(「두 집 살림」). "친정아버지 뇌줄증으로/ 사경 헤매실 때// 남편은 보호자 대기실에서/ 가끔 코를 골았"어도 시인 역시 "시아버님 고혈압으로 쓰러져/ 중환자실 찾아갈 때// 나는 배가 고파 밥 생각 났다"(「징검다리 하나 건너」)처럼 내 아비와 다리 하나 건넌 아비에 대한 마음이 다름을 인정한다. 억지로 그 다리를 건너라고 윽박지르는 것은 헛된 욕심이라는 것을 일깨운다. 수직의 관계로 얽힌 그물 속에서도 수평의 계단을 찾아낸 시인은 너무나 쉽게 가족의 해체라는 직관적인 해답을 찾는 요즘 세대에게 다른 해답도 있음을 넌지시 일러준다.

6. 나를 부르는 이름 둘 : 엄마

어린 시인을 보듬어주던 존재인 '엄마'라는 단어에 어느새 다른 무게가 실린다. '엄마'가 나를 부르는 이름이 될 때 다가오는 삶의 무게는 만만치가 않다. 모성은 본능일까? 아니면 학습일까. 혹은 대가 없이 주어야만 하는 끝없는 희생일까. 시인은 세상 모든 '어미'에게서 따끔한 가르침을 구한다. 때로 새끼들의 울음 앞에 무심으로 견디는 힘을 가르쳐주는 직박구리를 보며 "아이들의 울음 앞에／ 자주 무릎을 꿇었다"(『한 수 배우다』)며 자신을 반성한다.

> 알에서 깨어나자마자 비오리 새끼들은
> 제 어미 소리를 쫓아 절벽에서 뛰어내려요
> 툭, 탁, 툭, 툭, 탁
> 머리를 박으며 아래로 곤두박질쳐요
>
> 한때 댐 건설로 수몰 위기에 몰렸던 마을
> 다큐멘터리에 등장한 비오리 때문에

동강이 계속 흐르게 되었다는 후문은
조금씩 잊혀가요

나는 동강댐 건설 반대 추진 위원장
주례로 결혼식을 올렸어요
동강을 살려야 한다는 긴 주례사에
하객들 몇은 고개를 끄덕였고
대부분은 꾸벅거리며 하품했지요

벼랑 같은 아파트에서 어린것들을 길렀지만
나의 확신이 비오리만 못해
꾹, 꾹, 흑, 흑, 흑
어설픈 울음은 믿음을 주지 못했어요
어른이가 된 딸들은 아직 내 등에 매달려
뛰어내릴 생각이 없고
나는 자신있게 밀어내지 못해요

해마다 4월이면 석회암 벼랑 구멍마다
비오리 제 가슴털 뽑아 알을 품고
깨어난 새끼들은 또 어미 목소리만 듣고 뛰어내리겠죠
믿음이란 그런 거지요
한 올 의심 없이
무작정 따라나서는 첫걸음

—「믿음이란 그런 거예요」 전문

이 시집의 표제작이자 시인의 현재 마음을 가장 대표적으로 보여주는 시이다. 시인은 동강을 살려낸 비오리를 가져와 케케묵은 모성과 희생의 아이콘으로서의 어미와 새끼를 비틀어 믿음과 연대를 이야기한다. 비오리가 동강을 살려냈듯이 "벗겨놓은 오렌지 껍질에서 별을 끄집어내어/ 엄마 선물!"(『별 반지』)이라며 내밀었던 시인의 딸들은 부모인 시인을 다시 한번 살려낸다. 새끼 비오리는 어미에 대한 절대적 믿음을 바탕으로 어미의 소리에 절벽으로 뛰어내릴 수도 있는 존재이다. 그러나 현실의 자식들은 여전히 시인의 등에 매달려 절벽으로 뛰어내리지 못하는 것 같다. 그 이유가 자식들의 두려움이 커서가 아니라 어미인 시인이 '믿음을 주지 못해서가 아닐까?'라며 시인은 자책한다. 어떤 믿음을 주어야 했을까. 그 생각들이 꼬리를 물고 시인의 과거와 현재, 그리고 미래를 돌아보게 했다. 새끼들은 어미의 등을 보고 벼랑에서 뛰어내릴 용기를 내듯이 쉰아홉을 넘어가면서 예순이라는 벼랑 앞에 시인도 뒤에서 지켜볼 딸들을 믿고 다시 뛰어내릴 준비를 한다. 서로가 서로에게 한 올 의심 없이 주는 믿음, 연대를 바탕으로 말이다.

7. 멸종되기를 거부한다

비극적 결말을 맞이한 『19호실로 가다』의 수전과 이경옥 시인의 갈리는 부분은 19호실에서 보낸 시간의 밀도와 철저히 배제한 익명성에 있다. 수전은 모든 것을 철저히 내려놓고 자신조차 익명의 존재로 지워버렸다. 그러나 이경옥 시인은 19호실에서 과거 자신의 모습을 뼈아프게 관찰하고 통찰의 시간을 보냈다. 이제 시인은 19호실의 문을 닫고 나와 다시 광장에 선다. 전쟁 같았던 쉰아홉 해를 살아내며 시인은 하마, 펭귄처럼 멸종 위기를 느꼈다(「기념일」). 그럼에도 삶은 계속된다. 한때 그녀를 19호실로, 을숙도로 떠밀었던 가족과 과거는 역설적으로 그녀에게 버틸 힘이 되어주었고 이 연대의 힘은 가족을 벗어나 사회에서도 찾을 수 있었다.

    물고 있는 붓끝에서
    구절초가 피고
    잣나무숲에 함박눈 쌓인다

    사나운 자동차 바퀴가
    스물아홉 그녀를 끌어안고 굴렀다

    망가진 인형처럼 누워 있던 날들 지나
    그녀의 입이 붓을 잡았다

    입술 풍선 생기도록
    붓을 물어 무궁화 피우고
    꽉 문 어금니로 직립의 꿈 찍어
    화폭에 소나무 키우는 구필화가 한미순

그녀의 입,

손의 일을 복기해

풍경들 일으켜 세운다

—「복기(復棋)」전문

    시인은 앞선 수많은 여성의 삶을 톺아보다 구필화가 한미순의 그림 앞에 섰다. 망가진 인형처럼 사지를 움직이지 못하는 현실을 딛고 입에 붓을 물고, 꽉 문 어금니로 무궁화를 피우고 소나무를 키우는 그 생명의 근원을 본다. 그 어떤 순간에도 자신을 포기하지 않는 원초적인 인간의 의지를 본다. 이경옥 시인의 시들 역시 한미순 화가의 그림처럼, 다시 일어나 세운 풍경들과 다르지 않다. 그 힘이 시 편편에 느껴지며 읽는 우리에게도 눈물 대신, 연민 대신 새로운 의지를 다지게 한다.

    탁! 19호실의 문이 닫혔다.

    예순의 시인은 광장으로 나가 "물방울무늬 빨강 원피스를 입고/ 올리브나무 지나 우체스 광장 건너" "탱고 리듬"(「데이비드 자민」)에 맞추어 춤을 출 것이다. 쉰아홉을 치열하게 살아낸 자신에게 육십의 삶을, 칠십의 삶을 선물해야 하는 의무가 시인에겐 있다. 19호실에서 지나간 쉰아홉의 해를 반추하며 수많은 후회와 성찰을 마친 시인은 이제 선언

한다. 나는 멸종되지 않겠노라고. "악착같이 살려고 미역국을"(「기념일」) 끓일 것이라고. 그녀가 19호실의 수전과 다른 결말을 향해 뚜벅뚜벅 걸어간다. 어쩐지 그 발걸음이 빨간 원피스의 무희처럼 가벼워 그 뒤를 서툰 발걸음으로 따라가고 싶어진다. 멸종을 거부한 시인의 다음 시들은 무엇을 노래할까, 시인의 당돌한 시선이 가닿은 곳엔 어떤 풍경이 펼쳐질까, 몹시 두근거리는 마음으로 말이다.